Declamatio E Codice Leidensi Edita

Georgius Cyprius

In the interest of creating a more extensive selection of rare historical book reprints, we have chosen to reproduce this title even though it may possibly have occasional imperfections such as missing and blurred pages, missing text, poor pictures, markings, dark backgrounds and other reproduction issues beyond our control. Because this work is culturally important, we have made it available as a part of our commitment to protecting, preserving and promoting the world's literature. Thank you for your understanding.

✱ Εἰ δέ τις φιλονείκως ἔχων οὐκ ἀφίσταται τὴν πολιορκίαν λέγων εἰς ταῦτα παραβιάσασθαι, αὐτοὶ καὶ ταύτης ἔχουσι τὴν αἰτίαν. Ὁρᾶτε γάρ· ἡμέτεροι ἦσαν, πάντα παθεῖν ἕτοιμοι ἢ ἡμῶν ἀποστῆναι· φίλους ἡμεῖς αὐτοὺς ἤγομεν διὰ ταῦτα, ἔργῳ τῆς ἡμῶν φιλίας ἐλάμβανον πεῖραν. εἶθ', ὡς ὑπ' ἀνέμου σκάφος, εἰς τοὐναντίον περιτραπέντες ἠλόγησαν τῆς περὶ αὐτοὺς προνοίας ἡμῶν, ἠλόγησαν τῆς σπουδῆς, ἠθέτησαν τὴν φιλίαν, καὶ τὰς μετ' ἀλλήλων συνθήκας ἀφέντες εἰς ἐχθρῶν ἀπηλλάγησαν σχῆμα. ἐντεῦθεν παρὰ πόδας αὐτοῖς ὁ πόλεμος καὶ τὰ δεινὰ ἐπὶ θύραις. Ἐφ' οἷς δέον ὂν μεταβουλευσαμένους προσιέναι ἡμῖν, προσιόντας δὲ δεηθῆναι, καὶ δεηθέντας εὐμενεστέρων τυχεῖν, ὅμως ἀπονοηθέντες ἀπώλοντο. Οὕτως οὐχ ἡμῶν ἔργον, ἀλλ' ἐκείνων ἡ πολιορκία, καὶ ὁ κατασχὼν αὐτοὺς ὄλεθρος οὐκ ἄλλους εἶχε τοὺς παρεσκευακότας ἢ τοὺς ἀπολωλότας αὐτούς. ἀλογώτατα γὰρ πρὸς τὰ τῶν Ἀθηναίων ὠθίσαντες ἑαυτοὺς ξίφη, ὑπ' αὐτῶν διαφθείρονται· καὶ μεγάλην ἀνάψαντες φλόγα ἁλίσκονται ὑπ' αὐτῆς. Ἢ δοκεῖ σοι κἂν ἕνα ἡμῶν κινηθῆναι θελῆσαι, ἢ τὸ περὶ τοῦ τείχους ψήφισμα γράψαι, εἰ μὴ νεώτερα ἐφρόνουν ἐκεῖνοι, εἰ μὴ πρὸς ἀποστασίαν ἔβλεπον, εἰ μὴ ἀντὶ φίλων ἐχθροὶ, ἀντὶ δ' οἰκείων πολέμιοι, ἀντὶ δὲ συμμάχων αἴροντες ὅπλα καθ' ἡμῶν ἐγένοντο; Νυνὶ δ' ἀποστάντων ἐκείνων (καὶ εἴθε γε τὸ κατ' αὐτοὺς ἦν μόνον, ἀλλ' ἀπώλοντο Ἀθηναίοις πρὸς τὸ ἐκείνων παράδειγμα καὶ τὰ ἐν Θρᾴκῃ πάντα καὶ Μακεδονίᾳ πράγματα· καὶ οὐδὲ νῦν μετὰ τὴν Ποτιδαίας καθαίρεσιν οἷοί τ' ἐσμὲν ἑαυτοῖς ἀνασώσασθαι) οὕτως οὖν ἐκείνων καὶ δι' ἐκείνους τῶν ἄλλων διατεθέντων, ποῦ δίκαιον, μὴ κινηθῆναι

4

μὲν ἡμᾶς, αὐτοὺς δὲ καὶ ὧν ἔπαθον χείρω πολλῶν παθόντας τυχεῖν; Χρηστοί γε ἡμεῖς, ὦ Κορίνθιοι, τὸν μὲν ἐπιτειχισμὸν || ἢ τὴν πολιορκίαν ἄνω καὶ κάτω στρέφοντες, ὅτι δὲ καὶ Ποτιδαιᾶται ταῦθ' ὑποστῆναι δίκαιοι ἦσαν, οὐ λογιζόμενοι. Ποῖον γὰρ αὐτοῖς, οἶον καὶ παρορᾶσθαι ἄξιον, πρὸς ἡμᾶς ἐγεγόνει; οὐκ ἐγελάσθημεν; οὐκ ἐνεπαίχθημεν ὑπὸ τῶν ἀνδρῶν; οὐκ ἀφῃρέθημεν μὲν ἀναλώματα τόσα καὶ τόσα ἐπὶ τοσούτοις ἔτεσιν, ἐκπεπτώκαμεν δὲ χώρας, ὅσην οὐδ' εἰπεῖν ῥᾴδιον, δι' αὐτοὺς ἀποστάσης; εἶτα τί ἡμᾶς ἐχρῆν Ἀθηναίους ὄντας ἀντὶ τούτων ποιεῖν; ἀναπεπτωκέναι καὶ καθεύδειν ἐν ῥᾳστώνῃ διάγοντας; ἀλλ' ἵνα ἡμᾶς ἐάσω, εἰ Λακεδαιμόνιοι ἦσαν; ἀλλ' ἐῶ καὶ τὸ τούτων, εἰ ὑμεῖς ἦτε, ὦ Κορίνθιοι, τοσαύτης ἀνδρῶν ἀπολαύσαντες ἀγνωμοσύνης, τί ἂν αὐτοῖς ἐχρήσασθε; ἀλλὰ τί ταῦτ' ἐρωτῶ; ὅπως ἂν ἠνέγκατε, δῆλον ἡμῖν ἑτέρωθεν γέγονε, καὶ τὰ πρὸς Κερκυραίους ὑμῖν πραχθέντα καλῶς μαρτυρεῖ. ἐπλεῖτε γὰρ ἐπ' ἐκείνους αἰτίαν ἔχοντες οὐδεμίαν τοιαύτην, καὶ ἐναυμαχεῖτε, καὶ ναῦς αὐτῶν τὰς μὲν ἐλαμβάνετε κενάς, τὰς δὲ αὐτοῖς ἀνδράσι κατεδύσατε, καὶ αὐτήν γε τὴν νῆσον, εἴ γ' ἐδύνασθε, οὐκ ἂν ἀπέστητε καταδῦσαι. εἶτα δεινὸν ἡγεῖσθε, εἴπερ ὡς ὑμεῖς καὶ ἡμεῖς ἑτέρωθεν ἐχρησάμεθα τοῖς ἐχθροῖς; καὶ Κορινθίοις μὲν οὐδὲν ἄδικον φασὶ Κορίνθιοι ἄν τις ἐναντιῶται ἀφανίζειν εὐθύς, ἀλλ' εἴ τις ὑπὲρ τούτου γρύξει πολλὴν εἶναι τὴν παραίτησιν ˙ ὅτι πολέμιος ἦν, ὅτι παρασπονδῶν, ὅτι βλάπτων˙ Ἀθηναῖοι δὲ ἂν ἐπὶ τοὺς πολεμίους ἴωσιν, ἀσεβείας αὐτοὺς Κορίνθιοι γράφονται. καὶ πῶς οὐκ ἀλόγιστον τοῦτο; ἐγκαλεῖν ἔδει καὶ μέμφεσθαι προσηκόντως, ὦ Κορίνθιοι, ἡνίκα μηδὲν κακὸν εἰς ἡμᾶς εἰργασμένους ἐκείνους ἐπεθέμεθα αὐτοὶ καὶ ἐβλάπτομεν, μόνῃ τῇ τοῦ ἀδικεῖν ἀκολουθοῦντες ἐφέσει˙ ἐπεὶ δ' ἐκεῖνοι βλάπτειν ἤρξαντο πρῶτοι, πῶς δὲ βλάπτειν; ἐκ τοῦ τὰ συγκείμενα ἀθετῆσαι καὶ σπονδῶν ἀλογῆσαι καὶ ἀτιμάσαι μὲν ἡμῶν τὴν περὶ αὐτοὺς πρόνοιαν, ἀτιμάσαι δὲ καὶ τὴν σπουδήν, ματαιῶσαι δὲ καὶ τοὺς πόνους καὶ τὰς ἐλπίδας καὶ εἰς ἄκραν περιφρόνησιν τῶν ἡμετέρων γενέσθαι, οὐκ ἂν ἔχοι λόγον ἡ μέμψις, ἂν ἡμεῖς ἐπεξήλθομεν. ὁρᾶτε γὰρ καὶ τὸν κοινὸν πᾶσιν ἀνθρώποις νόμον, ὡς οὐκ ἐπ' ἄλλους ἢ τοὺς τοιούτους προτρέπει τὰ ὅπλα κινεῖν καὶ τὸν βλάπτοντα δὲ ἀντιβλάπτειν καὶ ἀντιμισεῖν τὸν μισοῦντα καὶ τὸν ξύοντα ἀντιξύειν, οὐχ ὑπάρχειν ἑτέρου ἢ τούτου τοῦ δόγματος

↘ πρὸς τὸ ἐβλάπτομεν ῥῆμα τὴν προηγησαμένην αἰτιατικὴν συντακτέον.

Ἀλλ' ἴσως μηδὲ τοὐλάχιστον ἡμῖν παρεξελθοῦσι τοῦ δικαίου δοτέον εἶναι δίκην παρακελεύεσθε, καὶ νόμον τοιοῦτον καθ' ἡμῶν καινοτομεῖν βούλεσθε· Ποτιδαιάταις δὲ καὶ τὰ μέγιστα παρανομοῦσι μηδ' εἶναι συνόλως αἰτίαν. Καὶ μὴν Λακεδαιμονίοις μικρά ποτε βλάψασι τὴν Ἀττικὴν ἐκ τοῦ πλείονος ἀνταπέδομεν πᾶσαν ἐν κύκλῳ τὴν Πελοπόννησον περιπλεύσαντες αὐτοὶ καὶ λυμηνάμενοι· καὶ Κορινθίους ἐπειδήποτε ἐθάρσησαν καὶ αὐτοὶ καθ' ἡμῶν ἐπιέναι οὐ παρείδομεν τὸ πλέον ἢ τὸ ἴσον ἔχοντας ἀπιέναι· καὶ Ξέρξην δὲ ἀπὸ πάσης τῆς Ἑλλάδος φυγάδα ἐπέμπομεν καὶ ἀντιπλεύσαντες εἰς τὴν ἐκείνου Ἀσίαν οὐκ ἔστι λέγειν ὡς οὐχὶ καλῶς τῶν τολμηθέντων εἰς Ἕλληνας τὴν ἀμοιβὴν ἐποιούμεθα· καὶ τούτοις μέν, || τοῖς ἄκροις λέγει τῶν Ἑλλήνων καὶ βασιλεῖ τῷ μεγάλῳ, μετὰ τοιούτου προσηνέχθημεν φρονήματος, Ποτιδαιάταις δὲ δώσομεν καθ' ἡμῶν παίζειν καὶ οὐ σωφρονιοῦμεν αὐτοὺς καὶ δι' αὐτῶν τοὺς ἄλλους; ἀνεξόμεθα δὲ μᾶλλον ἡσυχῇ καὶ συγχωρήσομεν ἀτιμωρήτοις περινοστεῖν καὶ τοσοῦτον καυχᾶσθαι, κρηπῖδα καταβαλλομένοις τῆς εἰς Ἀθηναίους τῶν ἄλλων κατηγορίας; θάνατος ἂν ἦν αἱρετώτερος ἅπασιν ἡμῖν, ἢ τοσοῦτον κληρωσαμένοις ὄνειδος ζῆν. Ἀλλ' ἐκείνους μὲν οὐκ ἔστι λέγειν, ὡς οὐ δίκαια πεπόνθασιν ἀγνώμονας γεγενημένους, καὶ ἀντὶ φίλων εἰς ἀποστασίαν καὶ ἔχθραν ἀπαλλαγέντας· γένοιτο δὲ παραπλήσια παθεῖν καὶ οἷς παραπλησίως ἐκείνοις ἄδικος ἀγνωμοσύνη δικαίας στοργῆς προτετίμηται. εἴη μὲν γὰρ ἂν τοῦτο μάλιστα προσῆκον τῷ βίῳ καὶ πᾶσαν μὲν πονηρίαν, πρὸ πάσης δὲ τὴν ἀγνωμοσύνην ἐξαιρεθῆναι; ὃ δὴ κακὸν ἔσχατον ἔμοιγε ὡς καὶ ἀσεβείας ἐγγύτατα βαῖνον. καὶ γὰρ ὥσπερ ἀσεβῶν ἕνεκεν ἡ παρὰ τοῦ κρείττονος οὐ κάτεισιν εἰς ἀνθρώπους εὐεργεσία, οὕτω δὴ καὶ μίσει τῶν ἀχαρίστων φιλανθρωπίᾳ πρὸς ἕτερον οὐδεὶς ἀνθρώπων κεχρῆσθαι βούλεται. καὶ τό γε τῶν τοιούτων μέρος κωλύεται ἀνθρώπους ἀλλήλοις, ὡς ἡ φύσις διετάξατο, κοινωνεῖν· καὶ δεῖ γε θηρίων τρόπον ἀλλαξαμένοις πρὸς ἀγριότητα μετακλῖναι. †) οὕτω μὴ εἶναί φημι χείρους ἀγνωμόνων ἀνθρώπων ἐν τοῖς οὖσιν ὀφθῆναι, πᾶσαν διὰ μιᾶς ταύτης ἐπεισενεγκόντας τῷ κοινῷ πονηρίαν· καὶ οὐδὲν δι' αὐτοὺς τὰ τῶν ἀνθρώπων, ὅτι μὴ ἔχθραι καὶ πόλεμοι καὶ ἀπιστία καὶ ὑπεροψία καὶ δόλος καὶ ψεῦδος καὶ πᾶν εἶδος κακοῦ, καὶ οὐδαμοῦ ἡ ἀλήθεια καὶ τὸ γνησίως προσιέναι ἀλλήλοις· οὐ γάρ ἐστιν

---

†) εἴη ... μετακλῖναι] σημείωσαι ὅλον marg.

ὅστις μὴ πλαττόμενος μηδὲ σοφιζόμενος ἀναστρέφεται. διὰ τοῦτο μηδ' ἐλεεῖν εἶναι δίκαιον τοὺς τοιούτους, μηδὲ φείδεσθαι, ἀγρίως δὲ μᾶλλον πρὸς αὐτοὺς τοὺς πάντας ὁρᾶν, καὶ ἐξελαύνειν ἁπάσης ἣν οἰκοῦσιν ἄνθρωποι γῆς, φιλανθρωπίαν ὅσον τὸ κατ' αὐτοὺς ἐκ τοῦ βίου καὶ ἐπιείκειαν ἐξορίσαντας, τὸ ἀκοινώνητον δὲ καὶ θηριῶδες ἐπεισαγαγόντας. τὸ γὰρ τοιοῦτον ἀδίκημα παρορώμενον ἀτιμώρητον οὐ πολλοῦ τινος χρόνου δεήσεται τοῦ μὴ τῆς λύμης ἀναπλῆσαι τοὺς πάντας. καὶ τὸ μετὰ ταῦτα πῶς ἂν τις ἐθελήσῃ τινὶ συνθέσθαι ἢ μεταδοῦναι τῶν ἑαυτοῦ; πῶς τίς τινος ἀντιλήψεται καὶ καταπονουμένῳ χεῖρας ὀρέξει; τίνι βοηθήσει, τίνα προσλήψεται εἰδὼς ἀντὶ τοῦ χάριν ὀφείλειν τὸν εὖ πάσχοντα εἰς πολέμιον αὐτίκα ἀποκριθήσεσθαι; ἀλλ' ἐῶ τοὺς ἄλλους· αὐτοὶ δέ γε ἡμεῖς, οἵτινες εἰώθαμεν ἀεὶ σώζειν, εἴ τις δεόμενος ἵκετο, πῶς ἔτι τῆς ἐκ φύσεως φιλανθρωπίας εἰσδεξόμεθα, τίνων καὶ προστησόμεθα, ὥσπερ καταπεφευγότας Ποτιδαιάτας προσεδεξάμεθα καὶ προέστημεν; οὐ γὰρ οἶμαί τινα γενέσθαι οὕτω εὐήθη,

162 ὡς μετὰ πεῖραν || ἑνὸς καὶ δυοῖν ἀγνωμόνων ἀνθρώπων αἱρεῖσθαι καὶ τρίτον ἄλλον εὐεργετεῖν. ταύτῃ τοι καὶ τοῖς δικαίοις εὖ παθεῖν διὰ τοὺς ἀμνήμονας εὐεργεσίας περιέσται ζημιοῦσθαι· καὶ τὸ κακὸν δὴ τοῦτο λυμανεῖται πᾶσι τοῖς ἀγαθοῖς, ὡς εἶναι δέον ἓν τοῦτο σπούδασμα πάντας ποιεῖσθαι ἀνθρώπους, εἴ τίς που καὶ παραφανείη πάθει τούτῳ κάτοχος ὢν πάσῃ δυνάμει ἐκτρίβειν πειρᾶσθαι κἀκ τοῦ μέσου ποιεῖν. ὃ δὴ καὶ ἡμᾶς καλῶς λογισαμένους Ποτιδαιάτας μετελθεῖν, οὐκ ἀξίως μὲν τῆς ἐκείνων λώβης, ὅμως τῆς γε τῶν Ἀθηναίων φύσεως οὐ πολὺ ἄποθεν, καὶ ἅμα καλῶς ἂν ἔχοι καὶ ἀποχρώντως ἡμῖν, εἰ τοῖς μικροῖς παιδευθέντες ἀγαθοὶ γενόμενοι περιεῖεν τῷ βίῳ, ἢ παντάπασιν ἐκτριβέντες ἐκστῆναι (?) τῶν ὄντων. εἰ δὲ καὶ οὕτως κακίας οὐκ ἀφέξονται, ἀλλ' ᾧ γε τὴν ἀξίαν ἀποτίσουσι δίκην ὡς τάχιστα παραστήσεται. Πλὴν οὕτως τῆς εἰς ἐκείνους τιμωρίας ἐλλιπῶς ἐχούσης οὐκ ἀγαπῶσι Κορίνθιοι· ἀλλὰ μετεληλύθατε, φασίν, ἀνοσίως καὶ ἀπανθρώπως αὐτούς. πῶς, ὦ χρηστοί, ἀνοσίως καὶ ἀπανθρώπως; οὐκ ἦσαν ἡμῖν ἐχθροί; οὐ καθ' ἡμῶν συνέστησαν; οὐκ ἐν εὐχῆς ἐποιοῦντο μέρει πᾶν ὁτιοῦν τῶν δεινῶν τυχεῖν ἡμᾶς ὑποστάντας; οὐκ ἔδει δὲ καὶ ἀντὶ τούτων σφάττειν αὐτοὺς καὶ κατορύττειν; ἢ βυθίζειν ἢ διὰ πυρὸς ἀφανίζειν; εἶτα τί τούτων ἐγένετ' ἂν τοῖς*)

---

*) L. αὐτοῖς.

πρὸς ἡμῶν; τούτων μὲν οὐδέν, τοὐναντίον δέ. ἀπέθανεν οὐδείς, οὔκουν ὑπ' Ἀθηναίων, ἀλλ' ὡς σὺν χρόνῳ παρεστησάμεθα τὴν πόλιν περιεποιησάμεθα καὶ ζῆν ἀνήκαμεν καὶ περινοστεῖν ἐλευθέρους οὐκ ὄντας ἀξίους τοιούτου τυχεῖν οὐδενός. ἄνευ δὲ ὧν εἰρήκαμεν τίς ποτε περὶ πολέμου νενομοθετήκει καὶ μέτρα καὶ τρόπους εἰσηγησάμενος μάχης μέχρι τοσούτου διετάξατο προϊέναι, περαιτέρω δὲ μή, καὶ οὕτως μὲν συμπλέκεσθαι, οὕτως δὲ οὐδαμῶς. καὶ τοὺς ἐχθροὺς μετιτέον εἶναι ἢ τιμωρητέον τόνδε τὸν τρόπον, ἀλλὰ μὴ τόνδε· καὶ δεῖ γε ἡμᾶς ἀκολουθεῖν αὐτῷ ἢ μὴ ἀκολουθοῦντας ἐπιτιμᾶσθαι καὶ δίκας ὑπέχειν ὡς οὐ νομίμως ἢ δικαίως τὴν ἀγωνίαν ποιησαμένους; οὐκ ἔστιν ὁ ταῦτα νομοθετῶν, οὐκ ἔστιν οὐδείς, ἀλλ' ὡς ὁ καιρὸς φέρει καὶ τὰς μάχας διαθετέον ἅπαντες λέγουσι. καὶ κοινὸς οὗτος ἅπασι νόμος ὡς ἑκάστῳ ἐκ τῶν συμπιπτόντων παρίσταται τὸν πόλεμον διαφέρειν. Τί λοιπὸν ἀγνοίας τῶν κοινῇ γνωρίμων πλαττόμενοι, ἅπερ ἀκώλυτα πράττειν, ἡμῖν ἐγκαλεῖτε; καὶ ἄλλων κατηγορεῖν ἐθέλοντες τόπον κατηγορίας ἑτέροις καθ' ὑμῶν δίδοτε; ἢ ἔχετε λέγειν, ὡς εἰσί τινες ἀνθρώπων, παρ' οἷς ταῦτα φυλάττεται, ἢ εἰ μὴ παρ' οὐδέσιν παρ' ὑμῖν γε τοῖς Κορινθίοις; καὶ εἶρξέ ποτέ τις ὑμᾶς ἢ λόγος ἢ νόμος μὴ τοῖς ἐνοχλοῦσι χρῆσθαι παρεστώσης τῆς μάχης; οὐκ ἐκ παντός γε καὶ ὑμεῖς τρόπου τὸ συμφέρον διώκετε; οὐ μηχανᾶσθε; οὐκ ἐνεδρεύετε; οὐ λόχους κρύπτετε; οὐκ ἀφανῶς ἐπιτίθεσθε; οὐ πολιορκεῖτε τῶν ἐναντίων τὰς πόλεις; οὐ λιμῷ φθείρετε; οὐ πυρὶ λυμαίνεσθε; οὐ περικόπτετε ‖ τὴν κύκλῳ χώραν; οὐ πάντα ὑπὲρ ἑνὸς τοῦ κρείττους φανῆναι μετέρχεσθε; τί γοῦν, ἃ μηδ' αὐτοὶ φυλάσσοντες οὐδέποτε ὤφθητε, καὶ ὑμῖν ἀντὶ τούτου προσηνέχθη οὐδείς, ἡμῖν ὡς μὴ φυλάξασιν ἐγκαλεῖτε; εἶεν. ἀλλ' ὁ Ποτιδαιάτας ἀσεβῆ καὶ ἀνόσια ἐργασάμενος τίς, ὦ πρὸς θεόν; Ἀθηναίων μὲν οὐδείς. οὐ μὰ τοὺς*). νομίμῳ γὰρ καὶ δικαίῳ πρὸς αὐτοὺς ἐκεχρήμεθα τῷ πολέμῳ· αὐτοὶ δὲ κατ' ἀλλήλων μανέντες ὑφ' ἑαυτῶν ἐξανήλωντο. καὶ καλήν γε, ὦ δίκη παραβαθεῖσα, τὴν ἐπίνοιαν κατ' αὐτῶν ἐξεῦρες, ἅμα μὲν ἐκείνων τὴν πονηρίαν καὶ ἀγνωμοσύνην παύουσα, ἅμα δὲ καὶ τῶν μελλόντων μιμεῖσθαι τοὺς ἀλιτηρίους ἐκείνους προανακόπτουσα τὰς ὁρμάς. ὡς ἔδει γε τοιαύτην σε πᾶσιν ἀεὶ τοῖς πονηροῖς παρεστάναι καὶ ἀδικίαν ἀνθρώπων μεθ' ὁμοίας ἐξαίρειν ταχυτῆτος. πλὴν Ποτιδαιᾶται

---

*) Sic codex. Deest θεούς

μὲν, ὦ Λακεδαιμόνιοι οὕτω μὲν ἡμῖν οὕτω δὲ καὶ τοῖς πρὸ ἡμῶν ἀδικηθεῖσι θεοῖς τὴν ἀξίαν ἀπέδωκαν. Κορίνθιοι δὲ κατηγοροῦσιν ἡμῶν ἀντὶ τούτων, οὐ μᾶλλον ἐκείνων ὑπεραλγοῦντες ἢ τῷ πρὸς ἡμᾶς φθόνῳ κεκινημένοι. Τῷ τοῦτο δῆλον; ἐξ ὧν, ἀναστάντες εἰπεῖν τοῦ τε λόγου πρόφασιν ἔχοντες τὰ Ποτιδαιατῶν πάθη, ὅμως ἔλαττον περὶ ἐκείνων εἰρήκασιν· ὁ δὲ πολὺς λόγος αὐτοῖς διεγείρων ἦν ὑμᾶς ἐπὶ τὸν ἡμέτερον πόλεμον. ἢ οὐ μέμνησθε, ὡς ἐγκελεύοντες ἦσαν ὑμῖν καθάπερ στρατηγοὶ στρατιώταις 'Τί κάθησθε; τί ἀνατέτραφθε ὡς ἐφ' ὕπνον; τί τὸ Δωρικὸν καὶ πάτριον οὐκ ἀναλαμβάνετε φρόνημα; οὐχ ὁρᾶτε τοὺς ἀνθρώπους, ὡς αὐξάνουσι καὶ προβαίνουσι καὶ μεῖζον φρονοῦσι τῆς φύσεως; οὐ καθέξετε σφᾶς; οὐ καταβάλετε;*) οὐ ταπεινώσετε πρὶν ἢ φθάσουσιν ἄμαχοι γεγονότες;' καὶ τὸ μὲν δὴ προβεβλημένον αὐτοῖς, ἄλλον ἔχον ἀγῶνα, εἰς τὴν καθ' ἡμῶν ὡς ὁρᾶτε ἐπιβολὴν ἀπεκρίθη, ἡμῖν δὲ πρὸς ταῦτα βραχὺς ἂν εἴη λόγος, ὃν δὴ αὐτίκα εἰπόντες ἀποβησόμεθα. Τὸ μὲν δὴ μείζους ἐθέλειν ἑαυτῶν γίνεσθαι καὶ προκόπτειν ἀεὶ οὐκ ἀρνούμεθα, ἐπειδήπερ οὐ μόνοις τοῖς Ἀθηναίοις ἔργον ἐστὶ σπουδαζόμενον, οὐδὲ μόνοις τοῖς Ἕλλησιν, ἀλλὰ καὶ τούτοις καὶ βαρβάροις καὶ πᾶσιν ὡς ἔπος εἰπεῖν ἀνθρώποις. φύσει γὰρ ἅπασι τὴν τοῦ πλείονος ἐπιθυμίαν ἴσμεν ἐντετηκέναι, κἂν εἴ τις αἱρῆται μετιέναι καθ' ἕνα τοὺς πάντας, οὐκ ἄν ποτε οὐδαμοῦ διαπίπτοντα τὸν λόγον εὑρήσει. καὶ οὐδαμῶς ἂν εἴη τοῦτό γε ἀπὸ τρόπου, εἰ κατὰ τὸ πεφυκὸς πᾶσιν ἀνθρώποις καὶ ἡμεῖς κρείττους ἑαυτῶν καὶ μείζους ἐφιέμεθα γίνεσθαι. ὃ δὲ ὅμως, κἂν τῷ τοιούτῳ παρηλλαγμένον ἡμῖν καὶ οὐ ῥᾴδιον παρά τισιν ἄλλοις κατανοῆσαι, ὅτι, τῶν μὲν ἄλλων ἁπάντων μηδεμίαν οἰκείων τε καὶ ἀλλοτρίων εἰδότων διαφορὰν κατὰ τοῦτο, ἀλλ' ἐπ' ἴσης τὴν ἑαυτῶν ἐπίδοσιν ἐξ ἁπάντων γίνεσθαι σπουδαζόντων, ἡμῖν οὐχ οὕτω πραγματεύεται τοῦτο. ἀλλὰ τὸ μὲν Ἑλληνικὸν ἅπαν γένος ἀγαπῶμεν || καὶ στέργομεν καὶ βουλοίμεθ' ἂν πᾶν ἀγαθὸν αὐτοῖς γενέσθαι καί γε ὅσον πλεῖστόν ἐστι πρὸς αὐτοὺς ἐπιεικείᾳ χρώμεθα καὶ ἰσονομίᾳ, ὑπερορῶντες καὶ τοῦ συμφέροντος ἑαυτῶν, εἴπερ κοινῶς τοῦτο τοῖς πᾶσι μέλλει συνοίσειν. βαρβάρους δὲ μισοῦμεν ἀεὶ καὶ πολεμοῦμεν καὶ φιλονεικοῦμεν**), ἐκ τῶν ἰδίων ἐκείνοις πραγμάτων ὀνομαστότεροι ἑαυτῶν φανῆναι καὶ περιφανέστεροι. κἂν ὅθεν ἡμᾶς τις †) ἐκ μικρῶν τὸ κατ' ἀρχὰς μεγάλοι γεγόναμεν ἐξε-

---

*) Sic. **) πολεμοῦμεν ·|. ἐκ textus,.|· καὶ φιλονεικοῦμεν margo. †) ἡμᾶς τις ὅθεν

τάξῃ, οὐκ ἄλλοθεν ἢ ἐκ βαρβαρικῶν τροπαίων τοιούτους εὑρήσει γεγενημένους. πάμπρωτα μὲν γὰρ εὐθὺς, ὅτε μετὰ τῶν ζώντων Θησεὺς ὁ ἡμέτερος ἦν, Ἀμαζόνας νενικήκαμεν (γυναῖκας μὲν οὖν ἴσως εἴποι τις, ἀλλὰ πολὺ τὴν ἀρρένων παρελθούσας φύσιν· καὶ γέγονεν ἡμῖν ἐντεῦθεν οὐ μικρῷ τινι ἐπιδοῦναι) ἔπειτα διαβάντες εἰς τὴν Ἀσίαν Σάρδεις ἐπολιορκοῦμεν καὶ ὁ ἐκεῖθεν χρυσὸς μεγάλως τὰ τῶν Ἀθηναίων ἀνύψωσε πράγματα. τρίτον τοὐν Μαραθῶνι τρόπαιον ἱστῶμεν, καὶ προέβημεν ὅσον πλεῖστον ἐνῆν. καὶ τέταρτον κάλλιστον ἐπὶ καλλίστοις τὸ ἐν Σαλαμῖνι, καὶ Πλαταιᾶσι ναυμαχοῦντες καὶ πεζομαχοῦντες ἐπεδειξάμεθα καὶ μείζους ἑαυτῶν προσηκόντως γεγόναμεν. Ἕτερον πρὸς τοῖς εἰρημένοις, ὃ δὴ Κίμων καλῶς ἐξήνυσε, μιᾶς καὶ τῆς αὐτῆς ἡμέρας πεζομαχῶν ἅμα καὶ ναυμαχῶν ἐπὶ τῆς βασιλέως θαλάττης καὶ γῆς, καὶ μέγιστον Ἀθηναῖοι παρὰ πᾶσιν ἔσχομεν ὄνομα. ταῦθ᾽ ἡμᾶς ὕψωσεν, ὦ Λακεδαιμόνιοι, καὶ μεγάλους πεποίηκεν, οὐχ ἅπερ οὗτοι φασὶ κατὰ τῆς Ἑλλάδος τυχεῖν ἀγωνισαμένους. Ἠρξάμεθα γὰρ οὐδέποτε πολέμου πρὸς Ἕλληνας, εἰ δ᾽ ἔτυχέ τις πρότερος ἡμᾶς ἀδικήσας τόν τε πόλεμον παρεσκεύασεν, ἀναγκαῖον καὶ ἡμᾶς ἠρέθισε κατ᾽ αὐτοῦ. ἐπειδήπερ ἐκ τοῦ ἴσου τρόπου φίλον ἡμῖν, καὶ μετρίως ἔχειν, εἴ τις μὴ ἔγνωκεν ἡμᾶς ἀδικεῖν, καὶ πολεμίως εἴ τις μὴ φυλάσσειν ἐθέλει τὰ δίκαια. Τῶν τε νήσων καὶ τῶν πόλεων ἃς νῦν ἔχομεν ἀδίκως κατειλήφαμεν οὐδεμίαν. οὐ γὰρ παραβιασάμενοι, οὐδὲ νόμῳ πολέμου κρατήσαντες κεκτήμεθα, ἀλλὰ τῶν ἐν αὐτοῖς ἀρχόντων καὶ δήμων ἐφ᾽ ἑαυτοὺς κεκληκότων, τάχα ὅτι τὴν ὑπὲρ πάντων ἡμῶν ἠγάπησαν πρόνοιαν. οὕτως ἡμεῖς κἀκ τοιούτων ἑαυτῶν μείζους γινόμεθα, οὐχ ὃν τρόπον οὗτοι φασίν, ἀλλ᾽ ὅθεν καὶ ὑμεῖς μάρτυρές ἐστε. Μὴ τοίνυν, ὦ ἄνδρες Λακεδαιμόνιοι, ἐθελήσητε τοῖς τούτων πεισθέντες λόγοις ἐξαρθῆναι αὐτίκα καὶ πρὸς πόλεμον ἀπιδεῖν οὕτω μὲν ἀπρεπῆ οὕτω δὲ καὶ ὀλέθριον. καὶ γὰρ ἀπαντήσει εἰ συμβήσεται, ἀλλὰ μὴ συμβαίη ποτὲ, ὥσπερ ἡμῖν καὶ ὑμῖν οὐκ ἀκίνδυνα, καὶ πράξομεν ἀμφότεροι αἰσχρῶς καὶ παντάπασιν ἀναξίως τῆς ἡμῶν ἀρετῆς, ὀλεῖται δὲ κακῶς ἡ Ἑλλὰς καὶ βάρβαροι καθεδοῦνται γελῶντες, ἥδιστον ἑαυτοῖς πάντες βλέποντες θεαμάτων Ἕλληνας τοὺς φύσει πολεμίους αἰσχρότατα ἐν ἑαυτοῖς φθειρομένους· καὶ ὡς ἂν τελέως ἀμφότεροι συντριβῶμεν, νῦν μὲν ὑμῖν ὑποστήσονται χρήμασι συνδράσασθαι καὶ στρατῷ, καὶ τελέσουσι, νῦν δὲ ἡμῖν ἐφ᾽ ὑμᾶς. Ἀλλ᾽ ὑμεῖς γε, ἢν σωφρονῆτε, ἀναμνησθήσεσθε ὡς νῦν πρώτως τῶν κινδύνων ἀναφέρειν ἤρξατο ἡ Ἑλλάς. Καὶ οὐ καλὸν, πρὶν ἢ σαφῶς ἀνενεγκεῖν εἰς δευτέρους μείζονας περιβάλλειν· ἀναμνησθήσεσθε δὲ ὅτι καὶ τὰς σπονδὰς ἐπὶ πεντήκοντα ὅλους ἐνιαυτοὺς πεποιήμεθα (ἐφ' ᾧ καὶ πεντηκοντούτεις αὐτὰς ὠνομάκαμεν) καὶ οὐδαμῶς εὐσεβὲς, πρὶν ἢ τὰ ἡμίση τῶν ὡρισμένων ἐτῶν καταλαβεῖν συγχέειν ταύτας πειρᾶσθαι. Ἀλλὰ Κορινθίους καὶ τοὺς ἄλλους οἳ ταράσσουσι τὴν Ἑλλάδα ληρεῖν ἐάσατε, ὡς ἔργον πληροῦντας βασκάνων δαιμόνων· ἐκείνων γὰρ ἴδιον τοῖς τῶν ἀνθρώπων καλοῖς ἐπιφύεσθαι καὶ προφάσεις ἀναμοχλεύειν δι' ὧν δυνήσονται εἴς τε τὸν κατ' ἀλλήλων πόλεμον ἐξοπλίσαι καὶ τὰ καλὰ περιτρέψαι· τὴν ἡσυχίαν δὲ ὡς μόνης ταύτης τὸ κοινῇ συμφέρον ἐχούσης ἀγαπήσατε ὡς ἂν μὴ μόνον ὁσίως καὶ εὐσεβῶς ἡμῖν ἔχῃ τὰ πρὸς θεοὺς ἀλλὰ καὶ καλῶς γένοιτο πρᾶξαι καὶ Ἀθηναίοις καὶ Πελοποννησίοις καὶ πᾶσι τοῖς Ἕλλησι. Καὶ ἡμεῖς μὲν οὖν, ὦ Λακεδαιμόνιοι, δοῦναι πρόφασιν ἐπὶ τὸν πόλεμον οὐδεμίαν βουλόμενοι ἠξιώσαμεν ἐπὶ τοῖς κατηγορηθεῖσιν ἀπολογεῖσθαι. Εἰρήνῃ γὰρ καλὸν τὰς ἐν ἡμῖν παραπιπτούσας διαφορὰς καὶ οὐ τοῖς ὅπλοις ἡγούμεθα διακρίνεσθαι. οὗ χάριν καὶ πρὸς τουτουσὶ Κορινθίους καὶ τῶν Ἑλλήνων τοὺς ἄλλους εἴ τις ἐγκαλεῖν ἔχοι ὡς Ἀθηναῖοι προσέκρουσαν, πάρεσμεν λόγον δοῦναι καὶ ἅπερ δίκαια πληροῦν ἐθέλειν ἑκάστῳ. ἂν δέ που μὴ τοῦτον φήσῃ τις τὸν τρόπον, ἀλλὰ τοῖς ὅπλοις τὴν διάκρισιν ἐπιτρέποι, ὀδυνηρὸν μὲν τῇ ἀληθείᾳ τοῦθ' ἡμῖν δόξει καὶ ἐλεεινόν, θεωμένοις οἷ κακοῦ τὰ τῆς Ἑλλάδος ἀφίξεται πράγματα· πλὴν ἀπαντησόμεθα καὶ αὐτοὶ μεθ' ὅπλων, πολλὰ τῆς εἰς τοῦτ' ἀνάγκης τοὺς ἐφόρους τῶν Ἑλλήνων θεοὺς κἀπὶ ταῖς σπουδαῖς κεκλημένους παραιτησάμενοι. κἂν εἴ τις εἰς τὴν Ἀττικὴν ἐμβάλοι οὐ μόνον ἐνταῦθα ἐναντιουμένους εὕροι καλῶς, ἀλλὰ καὶ αὐτοὶ ἀντεμβαλοῦμεν εἰς τὴν αὐτοῦ μεθ' ὁμοίου τοῦ τάχους καὶ τῆς παρασκευῆς. εἴρηται καὶ ἡμῖν, ὦ Λακεδαιμόνιοι, καὶ τὰ πρὸς Κορινθίους καὶ τὰ πρὸς ὑμᾶς. δοῖεν δὲ οἱ κρείττους, ἃ κοινῇ τοῖς Ἕλλησι συμφέρει, ταῦθ' ὑμῖν παραστῆναι ποιῆσαι.

✴ Φιλόσοφος ἀνελθὼν εἰς ἀκρόπολιν καὶ παίσας τὸν τύραννον ἀποθέσθαι τὴν ἀρχὴν καὶ ἰδιωτεῦσαι αἰτεῖ τὴν παρὰ τῶν νόμων ἐπὶ τούτῳ δωρεὰν καὶ ἀντιλέγεται †

Ὅρος μὲν τὸ παρὸν ζήτημα, ἀλλ' ἑτερορεπές. καὶ μεγάλως ἐν τῷδε τὰ τοῦ διώκοντος ἤτοι τοῦ τὴν δωρεὰν αἰτοῦντος ἰσχύει. ὡς καὶ αὐτόθεν δῆλόν ἐστι τοῖς καὶ ὁπωσοῦν διαιρεῖν εἰδόσι ζητήματα. οὐ μὴν ἀλλ' ἡμῖν καὶ οὕτω φύσεως ‖ ἔχοντος τούτου τὰ τοῦ ὡς δῆθεν φεύγοντος ἤτοι ἀντιλέγοντος μεμελέτηται. ὥστε τὸν ἥττω προκεχειρίσμεθα λόγον, καθ' ὃν, εἰ μέν τι τῶν εἰκότων εἴρηται παρ' ἡμῶν, οἱ τῶν λόγων διαγνώμονες καὶ μάλιστα δημιουργοὶ δοκιμάσουσιν· εἰ δ' οὐδὲν εἴρηται τοιοῦτον, ὃ κἀμοὶ δοκεῖ. συγγνώμης πάντως παρὰ δικαίοις κριταῖς οὐ(κ) ἀποκεκλείσμεθα, ἐξεπισταμένοις τὸ τῆς ἐπιχειρήσεως δυσχερὲς καὶ τὸ τοῦ λέγοντος ἐκ τῆς ὑποθέσεως ἀβοήθητον. τί γὰρ ἄν τις καὶ λέγειν ἔχοι, κἂν ὅτι μάλιστα εὑρετικὸς ᾖ καὶ πλεονεκτῶν ἐν τοῖς λόγοις. ὁπόταν οὐδὲν ὅτι καὶ ἄξιον λόγου λέγειν αὐτῷ παρέχοι τὰ πράγματα. †

Φιλόσοφος ἀνελθὼν εἰς ἀκρόπολιν καὶ πείσας τὸν τύραννον ἀποθέσθαι τὴν ἀρχὴν καὶ τὴν ἐπὶ τούτῳ δωρεὰν αἰτῶν ἀντιλέγεται.

Τὰ μὲν δὴ ἄλλα τῆς τοῦ φιλοσόφου γνώμης καὶ προαιρέσεως καὶ νῦν, ἄνδρες δικασταί, σφόδρα γ' ἐπαινῶ καὶ θαυμάζω, κἂν τοῖς ἑξῆς οὕτω ποιεῖν οὐ παύσομαι, κἂν μὴ ποιοίην οὐδ' αὐτὸς ἐμαυτόν φημι τοῦ μὴ οὐ κακὸν εἶναι παραιτήσασθαι δυνηθῆναι· — τὸ γὰρ ἑαυτοῦ μέρος παντὸς μᾶλλον φιλόπολις ἐφάνη καὶ τὰ πρὸς ἡμᾶς ἀγαθός, τὴν ἀκρόπολιν καὶ σὺν αὐτῇ γε τὴν ἅπασαν πόλιν τό γε νῦν ἔχον τῆς τυραννίδος ἀνείς· ὥστ', εἴ τις ἐχθρῶς εἶχε πρὸς τὸν τύραννον, ἠλέει δὲ καὶ πάσχοντα κακῶς ὑπ' ἐκείνου τὸν δῆμον, οὐδὲ τῷδε φέρειν εὔνοιαν καὶ χάριν προσηκόντως ἀφέξεται· — καθ' ἓν δὲ τουτὶ μόνον ἐπαινεῖν οὐκ ἔχω τὸν ἄνδρα, μᾶλλον μὲν οὖν καὶ ἀντειπεῖν πρὸς αὐτὸν ἀνέστην, ὅτι παρ' ὑμᾶς ἥκων τοὺς δικαστάς, καὶ δωρεὰν οὐκ οἶδα τίνα καὶ πόθεν αὐτῷ προσήκουσαν ἀπαιτῶν, οὐ συγχωρεῖ τοῖς καλῶς αὐτῷ πεπραγμένοις τὴν εὐφημίαν καθαρὰν ἀποδίδοσθαι. Φαίνεται γάρ πως τῇ παραλόγῳ ταύτῃ ζητήσει αὐτός τε τῶν ἑαυτοῦ, ὥς τις ἂν τῶν ἰδίων ἐχθρός, ὑφαιρῶν καὶ περικόπτων ἐπίτηδες εἰς φαῦλον τὸ κατόρθωμα κατάγειν ἐκ μείζονος· ὥστ' ἔμοιγε καὶ χάριν ἂν εἰδέναι τὸν ἄνδρα, εἴπερ οἷς ἀντιλέγω μᾶλλον ὑπὲρ αὐτοῦ σπουδάζειν ἢ ἀντιλέγειν ὑπείλημμαι. καὶ γὰρ αὐτίκα παυσαμένῳ πλεονάζειν, ἂν ἄρα γε παύσηται, ἀκραιφνὴς ἂν ὁ ἔπαινος αὐτῷ γένοιτο παρ' οὐδενὸς συγχεόμενος, ὡς νῦν γε πρὸς δωρεὰς ἀφιγμένου ἡ τοῦ μὴ καλῶς αἰτεῖν δόξα πολύ τι καὶ τῆς ἐναντίας μοίρας εἰς τοὺς ἐπαίνους ἐνίησι. Καὶ οὐκ ἀγνοῶ μέν, ὡς τοῖς πολλοῖς ἀντιλέγειν τῷ φιλοσόφῳ βουλόμενος οὐκ ἀγαθὰ περὶ ἐμαυτοῦ δώσω λογίζεσθαι, ἐκ βασκανίας με τὴν ἀντιλογίαν ὑποστῆναι καὶ οὐ τῶν δικαίων ἕνεκεν οἰομένοις· πλὴν οὐ παρὰ τὴν τῶν πολλῶν εἰς ἡμᾶς φαύλην ὑπόληψιν τὰ τῶν νόμων προδοῦναι δεξόμεθα, ὧν ὥσπερ νεκρωθέντων, ἐφ' ὅσον χρόνον τὰ τῆς βίας ἐκράτει, δεινὸν ἂν εἴη, εἰ μὴ καὶ αὐτοῖς ἐπανελθεῖν εἰς ἑαυτὰ γένοιτο καὶ τῇ κοινῇ πάντων ἐλευθερίᾳ οἷον συναναθῆλαι. πῶς δ' ἂν τοῦτο γένοιτο, καὶ ἀναβιῶναι δόξῃ μὴ παρρησιαζόμενα μηδὲ κατὰ πᾶν ὁτιοῦν πρὸς ὑμῶν φυλαττόμενα; ἐπεὶ καὶ || τοῦτο μόνον νόμων τις ἀναθήλησιν ὁρίσαιτ' ἂν καὶ ζωὴν τὴν καθάπαξ αὐτῶν ὑπὸ τῶν δημοτῶν φυλακὴν καὶ συντήρησιν. Φθόνον μὲν οὖν παρὰ τῶν ἄλλων τοῖς κατορθοῦσιν ἕπεσθαι τῶν ἀνθρώπων οὐδ' αὐτὸς ἀπαρνήσομαι. πλὴν οὐ παρὰ πάντων τοῦτό γε. ἀλλ' εὕροι μὲν ἂν τις ἐν τῷ βίῳ παμπόλλους τοὺς ἀτόπους καὶ μοχθηροὺς καὶ τοῖς καλοῖς ἐπηρεάζειν ἐθέλοντας, εὕροι δ' ἂν καὶ τοὐναντίον χρηστοὺς καὶ ἐπιεικεῖς καὶ ὅτι τις πράξει χρηστὸν προθύμως ἔχοντας ἐπαινεῖν. ὁποτέρων δ' αὐτὸς τῷ πρόσθεν γέγονα χρόνῳ, μᾶλλον δ' ὅτι τῶν σαφῶς ἀποδεχομένων τοὺς ἄξια δρῶντας ἐπαίνων καὶ οὐ τοὐναντίον οὐδαμῶς, ἐρῶ. ἃ γὰρ οἱ δικάζοντες ὑμεῖς ἐμοὶ σύνιστε, πῶς οὐ παντάπασιν ἔξω τῆς χρείας τοὺς περὶ τούτων λόγους δεῦρο κομίζειν; ὅτι δὲ οὐδὲν νῦν ἡττημένος τοῦ πάθους ἐνέχομαι τῷ τῶν βασκάνων προσρήματι σφόδρα δεῖν οἶμαι δηλῶσαι. Τίς γὰρ ὑμῶν οὐκ οἶδεν ὡς αὐτίκα πρῶτος ἐγὼ μετὰ τὴν ἀπαγγελίαν ἐκείνην, ἣ τὸν τύραννον ἐκστῆναι τῆς ἀκροπόλεως ἔλεγεν ὑπὸ τοῦδε πεισθέντα, ἀναστὰς καὶ παρελθὼν εἰς μέσους γενναῖον ἅμα καὶ τῶν καθ' ἑαυτὸν ἄριστον καὶ πρός γε τῆς πόλεως εὐεργέτην ἀνεῖπον τὸν ἄνδρα; οὔκουν ἦν ἐκεῖνο τὸ κήρυγμα λαμπρῶς οὕτω γινόμενον βασκάνου τινὸς ἀνθρώπου καὶ δακνομένου τοῖς τούτου καλοῖς, ἀλλ' ἀγαπῶντος περιφανῶς καὶ θαυμάζοντος καὶ τῶν κατορθωμάτων αὐτῶν συγχαίροντος. Τί οὖν; ἐρεῖ τις, πόθεν ὥρμησαι πρὸς ταῦτα καὶ ἀντιλέγεις; οὐ μεταβεβληκώς, ὦ ἄνδρες, τῆς πρὸς αὐτὸν εὐνοίας, οὐδὲ τῆς ἀρχῆθεν γνώμης μεταπεσών, τῶν † καὶ νόμων ὑπερμαχῶν· φίλος μὲν γὰρ οὗτος, καὶ τὴν ὑπὲρ ἡμῶν αὐτοῦ πρᾶξιν εἰ καί τις ἄλλος ἐκθειάζων εἰμὶ καὶ θειάσομαι, οὔπω δὲ τὸ κατ' αὐτὸν τὸ πρὸς τοὺς νόμους καὶ τὰ δίκαια φίλτρον ὑπερβαλεῖται, ὥστε τούτῳ προσθεμένους ἐκείνων ὑπεριδεῖν· ἐπειδὴ δεῖ μὲν τοῖς φίλοις χαρίζεσθαι, χαρίζεσθαι μέντοι οὐ πάνθ' ἁπλῶς καὶ μικρὰ καὶ μείζω, ἀλλ' ὅσα που δίκαιον καὶ ὁ νόμος κελεύει. κελεύει δὲ δήπου (λέγω δὲ περὶ ὧν νῦν ἡ σκέψις, ἵνα τῶν ἄλλων ἀποστήσωμαι λόγων) οὐ τοῖς ἁπλῶς τι συνενεγκοῦσιν εἰς ἐλευθερίαν τῶν πόλεων τὰς δωρεάς, τοῖς δὲ τυραννοκτονήσασι δίδοσθαι, καὶ μέχρι τοσούτου προελθοῦσι τῇ τόλμῃ. Καὶ τῷ φιλοσόφῳ τοίνυν, σπουδάσαντι μὲν τὰ δυνατά, τῇ σπουδῇ δὲ πέρας μὴ προσεπιθεμένῳ μηδ' ἀπεκτονότι τὸν τύραννον. τιμὴν διὰ τὴν προαίρεσιν καὶ εὐφημίαν εἰς ὅσον ἔξεστι νέμειν πᾶς γίνομαι πάντας παρακαλῶν, ἀλλ' οὐ καὶ δωρεᾶς ὁτιοῦν αὐτῷ προσήκειν φημί, ὅτι οὐδ' ὁ νόμος τούτῳ, τοῖς δ' ἄντικρυς τυραννοκτονήσασι δίδωσι. τοῖς μεθ' ὅπλων ἀνιοῦσιν ἐπὶ τὴν ἀκρόπολιν καὶ δι' ὃ ἀνῄεσαν εἰς τέλος ἐξειργασμένοις. Σὺ δὲ ποῦ καθωπλίσθης; ποῦ τοῖς φύλαξι συμβεβληκὼς περιεγένου μὲν ἐκείνων ἐκράτησας δὲ καὶ τῶν δορυφόρων; ἦλθες δὲ ξιφήρης ἐπὶ τὸν τύ‖ραννον, οὐκ ἀπέσχου δὲ παίων καὶ κατακεντῶν πρὶν ἢ καὶ τῆς τυραννίδος αὐτὸν καὶ τῆς ζωῆς ἐπισχεῖν; εἶτ', ὦ πρὸς θεῶν, τὸ τέλος μὴ ἐπιθείς, δι' ὃ καὶ μόνον τὸ γέρας οἱ νόμοι διδόασι, κατ' ἴσον τοῖς τὸ πᾶν πεπραγμένοις φιλονεικεῖς καὶ πολὺς γίνῃ τὰς δωρεὰς ἀπαιτῶν; Τοὺς δὲ δὴ παλαιστὰς καὶ δρομεῖς καὶ πύκτας καὶ ὁντιναδήποτ' ἀγωνιζομένους ἀγῶνα τίς ποτε πρὶν τοὺς ἀνταγωνιστὰς καταβαλεῖν καὶ παρελθεῖν καὶ συγκόψαι καὶ ὅλως πρὶν φανῆναι κρείττους ἐν οἷς ἀγωνίζονται τοῖς ἄθλοις ἐπιθεμένους τὴν προσήκουσαν τελευτὴν στεφανίτας ἀνεῖπε καὶ νικητὰς καὶ τῶν ὡρισμένων ἐπάθλων ἠξίωσεν; ἢ σύ γ' ἑώρακάς τινας ἐπ' ἀτελευτήτοις τοῖς ἔργοις μισθοὺς τοῖς δημιουργοῖς κατατιθεμένους, οὓς καὶ τελειωθέντων παντὶ τρόπῳ τελέσειν ὑπέστησαν. οὐ ταῦτ' ἄνω καὶ κάτω βοᾶται πρὸς ἀλλήλους τῶν ἀνθρώπων λεγόντων "εἰ τὰ καὶ τὰ τελειώσεις, εἰ τάδ' ἐξανύσεις, εἰ τὸ προκείμενον εἰς πέρας ἄξεις, εἰ ἀπαρτίσεις, εἰ συμπληρώσεις, μισθὸν λήψῃ. καὶ τόδε σοι πονήσαντι καὶ κατορθώσαντι προσγενήσεται;" ἀλλ' οὐχὶ καὶ περὶ τῶν ἐναντίων τοῦ ἀτελέστου δήπου καὶ ἀνηνύτου καὶ μὴ ὁλοκλήρου λόγον ἀκούσεις (sic) προιεμένου τινός, οὐ μᾶλλον ἢ τῶν μὴ ὄντων τινός. Οὐκοῦν κατὰ τὸν οὕτω κοινὸν πάντων νόμον ἀφεὶς λόγῳ τὰ μὴ ὄντα συμπλάττειν εἰ τετυραννοκτόνηκας δεῖξον καὶ δεῦρο λάμβανε τὰς δωρεάς, δείξεις δὲ τὸν τύραννον ἀνῃρημένον εἰς τοὐμφανὲς ἐξενεγκὼν καὶ προθείς· ἕως δ' ἂν μὴ τοῦτο γένηται οὔτε τυραννοκτόνος ἂν εἴης οὔτε τὰς δωρεὰς ἔχων ἀπίῃς (sic). Καὶ τί παρὰ τοῦτο φησίν; 'ἀνῄειν ὁπωσδήποτε καὶ πείσας ἀπήλασα'. ἀλλ' οὐ πεφόνευκας, ὃ μόνον τῶν ἄλλων τὴν τυραννοκτονίαν συνίστησι. καὶ πρὶν ἢ τοῦτό γε εἰπεῖν οὐχ ὡς ἔδει γε τὸν μέλλοντα τύραννον ἀνελεῖν τὴν ἄνοδον ἐποιήσω. σοὶ μὲν γὰρ ἀκίνδυνος ἡ ἐπιχείρησις τῷ δὲ οὐκ ἔστιν ὅπως μὴ οὐ σὺν μεγάλῳ κινδύνῳ τὸ τόλμημα. καὶ σὺ μὲν σχῆμα προβεβλημένος συμβούλου θαρρῶν ἐβάδιζες. οὐδὲν προσδοκῶν πείσεσθαι δυσχερές, κἂν σαφῶς ἐπὶ τἀναντία σοι τὰ τῆς πείρας ᾤου χωρήσειν (συμβού-

λοις γὰρ οὐδεὶς τῶν ἀκροωμένων λυμαίνεται τῷ δοκεῖν εὐνοίᾳ καὶ τοῦ συμφέροντος
αὐτῶν ἕνεκεν ποιεῖσθαι τὰς λόγους, κᾂν ὅτι μάλιστα τούτους προσάγωσι παρὰ τὸν
ἐκείνων σκοπὸν) ἐκεῖνον δὲ οὐχ ὁμοία τις ἐλπὶς ἐπὶ τὴν ἄκραν ἦγεν ἂν καὶ τὸν τύραν-
νον. ἀλλ᾽ ἀμήχανος ἀγωνία καὶ θανάτου προσδοκία καὶ φόβων ὁ μέγιστος, ὡς δοκεῖν
πορείαν ἀνύτειν μᾶλλον τὴν ἐπὶ τὸν ἴδιον ἢ τὸν τοῦ τυράννου φέρουσαν ὄλεθρον.
Ἀνῆλθες· οὐκ ἂν παρὰ τοῦτο τυραννοκτόνος ἂν εἴης μηδὲ τοῦ τρόπου προυπάρξαντος
καθ᾽ ὃν ἐχρῆν ἀνιέναι καὶ τοῦ τέλους ἅμα τῷ τρόπῳ προαπαντήσοντος. οὐχ ὁρᾷς, ὡς
πολλοὶ μὲν ἀνέρχονται, οἳ μὲν ὄντες φίλοι οἱ δ᾽ ὅτι ἂν τύχωσιν ὄντες χρήσιμοι; καὶ
ὅμως αὐτῶν τυραννοκτόνος οὐδείς. οὔκουν οὐδὲ || σὺ διὰ τὴν ἄνοδον. ὁ γὰρ τρόπος 169
ἐμποδίζει πολὺ παραλλάττων. θαυμάζω δὲ εἰ τὸν μὴ κατὰ τρόπον κεχρημένον τῇ μου-
σικῇ οὐκ ἂν ἐρεῖς ποτε μουσικὸν εἶναι οὐδὲ τὸν ἰατρεύοντα ἰατρὸν οὐδ᾽ αὖ τὸν μαχό-
μενον ἢ παλαίοντα παλαιστὴν ἢ πολεμικόν, κᾂν ὁ μὲν ᾄσας τύχῃ ὁ δὲ θεραπεύσας ὁ
δὲ καταβαλὼν καὶ νικήσας, σαυτὸν δὲ φήσεις τυραννοκτόνον εἶναι καὶ ταῦτα πρὸς τῷ
μηδὲ τἆλλα τῶν δεόντων ποιῆσαι οὐδὲ τύραννον ἀπεκτονώς. Ἀλλὰ παραπλήσιον, μᾶλ-
λον δὲ ταὐτόν ἐστι, φησί, τυραννοκτονία καὶ τοὐμὸν ἔργον καὶ τὰ ἴσα δύναται, ὥστ᾽,
εἴπερ τυραννοκτόνοις ὁ νόμος δίδωσι γέρας, κἀμοὶ πάντως δίδωσιν. ἐγὼ μὲν οὖν, ὦ
ἄνδρες, καί τινος τῶν πολλῶν ἑνὸς ταῦτα λέγοντος ᾐσχύνθην ἄν, εἰ ἄνθρωπος ὢν ψυ-
χὴν ἔχων εἰδυῖαν λογίζεσθαι τοσοῦτον ἠγνόησεν, ὥστ᾽ ἐν ταὐτῷ τὰ πλεῖστον ἀλλήλων
διεστῶτα συνάγειν καὶ ἃ μὴ πέφυκε μίγνυσθαι· ὅπου δ᾽ ἀνὴρ ταῦτα φθέγγεται δόξαν
οὐχὶ φαύλην ἐπὶ σοφίᾳ λαχὼν καὶ μόνον ἔργον σχεδὸν ἑαυτοῦ ποιούμενος ἰδιότητας
τῶν ὄντων φιλοκρινεῖν καὶ τί τόδε τοῦδε διενήνοχε λέγειν, τοὺς δ᾽ ἄλλους τὰ λεγόμενα
ὡς τινος δέχεσθαι τῶν κρειττόνων φωνὰς, πόσον αἰσχύνεσθαί με οἴεσθε ὑπὲρ αὐτοῦ;
οὐκ ἂν ὅσαπερ οὗτος ὡς δῆθεν τυραννοκτόνος αἰτεῖ δεξαίμην προσγενέσθαι μοι μετὰ
τοῦ δεκάκις τοσαῦτα καὶ φιλόσοφος ὢν, δυεῖν θάτερον ἢ ἀφελὴς ἐπὶ τοσοῦτον καὶ
ἀγροικικὸς νομισθῆναι, ὡς καταισχῦναι μὲν ἑαυτὸν καταισχῦναι δὲ καὶ τὸ μέγα φιλο-
σοφίας ὄνομα, εἰ οὕτω ταπεινὰ καὶ τῶν πραγμάτων ἀνάσκητα τρέφει ἀνία, ἢ ἑκὼν
κακὸς εἶναι τῶν ὄντων ποιούμενος παραδρομὴν καὶ κινδυνεύων διὰ μικρὸν ἀργύριον
εἰς σοφιστὴν ἐκ τοῦ φιλόσοφον εἶναι ἀποπεσεῖν. Οὐ μὴν ἀλλὰ θεάσασθέ γε, καὶ ὅσον
ἀλλήλων ἀπέοικεν, ἅπερ ἀναισχύντως ἀλλήλων οὗτος οὐδὲν διενηνοχέναι φησίν. εἰ γὰρ

ὁ μὲν, ὅπερ ἴστε πάντες, ὁ τυραννοκτόνος λέγω, πλήξας καὶ καταβαλὼν καὶ σιδήρῳ κατειργασμένος τὸν ἀλιτήριον οὐκ ἀγεννῆ τῶν τολμηθέντων δίκην ἂν εἰσεπράξατο καὶ ἡμῖν ἔδωκεν ὁρῶντας εἰς τὸν ἐκείνου νεκρὸν γελᾶν κατ' αὐτοῦ καὶ παίζειν ὅσα τῆς προτέρας ἀπανθρωπίας ἀντίρροπα τὴν δυναστείαν αὐτῷ καὶ τὴν ὕβριν καὶ τὴν ὑπερηφανίαν προφέροντας καὶ τελευταῖον σύροντας διὰ τῆς ἀγορᾶς κυσὶ καὶ ὀρνέοις ῥίπτειν βορὰν· τοῦ δ' ἐκ τῆς ἐπιχειρήσεως οὐδὲν τοιοῦτον ἀπήντησεν, ἀλλ' ἀνεῖται ζῶν ἀπήμων καὶ κακῶν ἀπαθὴς ὁ τῆς πολιτείας ὄλεθρος, μήτ' εἰς σῶμα μηδ' ὅσον καὶ μαστιχθῆναι λελωβημένος, μήτ' ἐζημιωμένος || εἰς χρήματα, ἔχων γυναῖκα παῖδας οἰκετικόν, ἔχων καὶ τὴν ἄλλην τροφὴν καὶ μηδ' ὅσον τῆς μεταβολῆς αἰσθέσθαι ταύτης ἀποβαλών. Ποῦ παραπλήσια ταῦτα ἢ κατὰ μικρὸν ἀλλήλων ἐγγὺς καὶ οὐχ ὅσον ζωὴ θανάτου κεχώρισται; Εἰ ταῦτα ταὐτά, καὶ τυραννοκτονίας τὸ σὸν οὐδὲν διενήνοχεν, ἄγε μοι τὸ ξίφος ἀνάτεινον † ὅσοι πρὸς τὴν σφαγὴν ὑπουργῆσαν, ἴσως ἔτι στάζει φόνου τυραννικοῦ, δεῦρο πρότεινον καὶ τὴν δεξιὰν ἡμαγμένην, ἀρίθμει δὲ καὶ τὰς πληγὰς ὅσας ἀποθνήσκων ἐδέξατο, ἐνδείκνυσο θριάμβευε συγκάλει θέατρον ἐπὶ τὸν τοῦ τυράννου νεκρόν, ποίει καὶ τἄλλα θαρρῶν ἅπερ ἂν μετὰ τὸ κατόρθωμα τυραννοκτόνοι προσηκόντως ποιοῖεν ἐπαγγελλόμενοί τε τῷ τροπαίῳ καὶ τὴν πρᾶξιν δημοσιεύοντες. Ἀλλ' οὐκ ἔστι σοι τοιοῦτον οὐδὲν ἐπιδείξασθαι· ἐπίγνωθι τοιγαροῦν τὴν διαφοράν, ἅμα δὲ καὶ τὴν ζήτησιν ἄλογον οὖσαν ἐπίγνωθι καὶ μένε σιγῶν, ψιλοῖς ἀγαπῶν τοῖς ἐπαίνοις καὶ ταῖς τιμαῖς, ὧν σε δίκαιον κρίνας ὁ δῆμος τυχεῖν διδόναι φιλοτίμως οὐκ ἀπηξίωσεν. ὡς γὰρ ἂν κατὰ νόμους τὸ γέρας, τὰ τῶν τυραννοκτόνων εἰ διαπεπραγμένος ὑπῆρχες, ἐλάμβανες, οὕτως αὐτῷ παρὰ τῶν αὐτῶν νόμων οὐκ ἂν δικαίως μὴ ἐκεῖνα διαπεπραγμένος λαμβάνοις. ἀνθ' ὧν καὶ μὴ ἐνόχλει τοῖσδε μηδὲ τὰ σαθρὰ ταῦτα καὶ ἐπιπόλαια προβάλλου τῶν λόγων "δι' ἐμοῦ τῶν τῆς τυραννίδος κακῶν ἡ ἀκρόπολις καθαρεύει! ἐγὼ τὸν δῆμον δουλεύειν ἔπαυσα, τοῖς δὲ νόμοις οὐκ ἄλλοθεν ἢ ἐξ ἡμῶν παρρησία" ἐπεὶ κἂν μυρία ταῦτα σοφίζῃ, τυράννου κατάλυσιν οὐκ ἐνήργησαι. οὐ γὰρ εἰ πρὸς χρόνον τυράννου μετάστασις γέγονεν ἤδη τοῦτο καὶ τυραννίδος κατάλυσις. Ἐπεὶ πῶς πέπαυται καὶ καταλέλυται ὅστις περίεισι μὲν ζῶν, ἐπ' ἐξουσίας δὲ τὰ αὐτοῦ πράττει, λυπεῖ δ'

---

† Sic liber manuscr. Corrige τὸ σοι vel ὅ σοι . . ὑπούργησεν.

αὐτὸν οὐδὲν τῶν ἐνόντων ἐκλελοιπός, προσδόκιμος δέ ἐστιν ἐπιπηδᾶν τοῖς προτέροις, καὶ εἰς τὸ πρότερον σχῆμα τὸ τυραννικὸν ἀπαλλάττεσθαι. οὐ γὰρ δὴ τέθνηκεν ὑπό τινος πληγῆς, ἵν' ἅμα καὶ ζῶν καὶ κακὸς εἶναι παύσηται. Κόρον δὲ τῆς κακίας λαβὼν, ἐρεῖ τις, καὶ ἀληθῶς ἴσως ὑπεχώρησεν· ἐπεὶ δ' ἐπανέρχεσθαι παντὶ τρόπῳ καὶ ἐπιστρέφειν φιλεῖ ὅσα δὴ πάθη πολὺν ἤδη χρόνον κατασχόντα ψυχὴν πρὸς ἡδονὰς ἤλαυνε καὶ τρυφὰς, ἐπανακάμπτειν καὶ τὸν φιλοδέσποτον ἐπὶ τὸν τύραννον τρόπον οὐκ ἀπεικός.

Ὥστε σὺ τό γε νῦν εἶναι μετέστησας μὲν δυνάστειαν, πονηρίαν δὲ παντελῶς οὐ κατέλυσας. καὶ ἀνέῳγε μὲν δικαστήρια καὶ νόμοις ἤδη κεχρήμεθα, ἀλλ' ἀβέβαια ταῦτα καὶ πρόσκαιρα καὶ οὐχ ὡς ἂν αὐτὰ τυραννοκτόνος δεξιὰ κατεπράξατο. οὐκοῦν καὶ εἴ τις παρὰ τῶν νόμων ὀφείλεται τοῖς ἄδειαν οὐκ ἀσφαλῆ τῷ δήμῳ παρασκευάζουσι δωρεά, ἐκείνην ‖ αἴτει, ἐκείνη διδόσθω. ὑπὲρ ἐκείνης κἀγώ σοι συμπροθυμήσομαι καὶ συνδεηθήσομαι, γερῶν δέ σε τυραννοκτονίας μεταλαχεῖν οὔτε δίκαιον οὔτε ἐγὼ συνθήσομαι.

LECTIONES

I. Ordinis Theologorum

1. PROFESSORUM ORDINARIORUM.

CAROLUS AUGUSTUS HASE, D., h. t. decanus, privatim dd. senis h. X *Historiam ecclesiasticam* inde a saeculo IX usque ad saeculum XVIII medium enarrabit; publice *Seminarii theologici exercitationes* una cum collegis SS. VV. moderari perget die Iovis horis vespertinis VIII et IX.

RICARDUS ADELBERTUS LIPSIUS, D., privatim 1) *Pauli ad Romanos et ad Galatas epistolas* diebus senis hora VIII interpretabitur; 2) *theologiam dogmaticam* tradet diebus senis hora IX et diebus Lunae et Ven. hora XI; publice die Martis hor. vespertinis VII et VIII *seminarii theologici in N. T. interpretando exercitationes* una cum collegis SS. VV. moderari perget.

CAROLUS SIEGFRIED, D., privatim 1) *psalmos* interpretabitur quinis per hebd. scholis h. II—III; publice 2) *historiam poëseos hebraicae et neohebraicae* tradet die Sat. h. II—III; 3) in seminario theologico *exercitationes V. T. exegeticas* una cum collegis SS. VV. moderabitur die Merc. hor. vesp. VII et VIII.

CAROLUS RUDOLPHUS SEYERLEN, D., privatim 1) *artem homileticam et catecheticam* quater per hebd. diebus Martis, Iovis, Veneris, Saturni hora XII docebit; publice 2) *exercitationes seminarii homiletici* die Iovis hora XII, *catechetici* die Mercurii hora XII moderabitur.

CAROL. LUDOV. WILIBALDUS GRIMM, D., privatim 1) *Evangelium Ioannis* explicabit senis per hebd. diebus hora VIII—IX; 2) *Historiam litterariam*

Novi Testamenti (quae vulgo *Introductio in Nov. Test. historico-critica* dicitur) tradet sexies hora IX—X; 3) privatissime scholas examinatorias ad *theologiam dogmaticam historiamque dogmatum* spectantes habebit librum suum, qui *institutio theologiae dogmaticae* (Edit. II. Ien. 1869) inscribitur, secuturus, sexies et quinis quidem diebus hora VI—VII vesp., die Saturni hora XI—XII.

ADOLPHUS HILGENFELD, D., privatim 1) *Evangelia secundum Matthaeum, Marcum, Lucam* interpretabitur sexies per hebd. h. VIII; 2) *Isagogen historicam criticam in Veteris Testamenti* codicem singulosque libros canonicos, apocryphos, pseudepigraphos tradet sexies per hebd. h. IX; 3) *Historiae ecclesiasticae partem tertiam* inde a sacris saeculo XVI. emendatis usque ad nostram aetatem enarrabit sexies p. h. h. XI.

2. PRIVATIM DOCENTIS.

EDMUNDUS SPIESS, Phil. Dr. Theol. Lic. 1) *Pauli ad Timotheum et ad Titum epistolas* interpretabitur ter per hebd. h. VI—VII; 2) *Historiam sententiarum*, quae de rebus post mortem futuris exstiterunt, enarrabit gratis, binis dieb.; 3) *Exercitationes homileticas* moderari perget, semel per hebd. horis VI—VIII; 4) *Paedagogices inde a sacrorum restauratorum tempore historiam* tradet bis per hebd. h. V—VI.

II. Ordinis Iureconsultorum

1. PROFESSORUM ORDINARIORUM.

HENR. AEM. AUG. DANZ, D., h. t. decanus, docebit privatim 1) *Institutiones iuris Romani* sexies per hebd. h. XI—XII; 2) *Alteram partem pandectarum* quinquies per hebd. h. XII—I.

HENRICUS LUDEN, D. privatim ternis diebus hor. XI *ordinem iudiciorum publicorum* explicabit. In seminario iuridico *exercitationes iuris criminalis* moderabitur.

B. G. LEIST, D. in seminario iuridico *Exercitatones iuris civilis exegeticas* moderabitur.

THEODORUS MUTHER, D. 1) privatissime sed gratis *Exercitationes iuris civilis in Seminario* moderabitur hh. cc.; 2) privatim *Pandectas iuris Romani excluso iure familiarum et hereditario* sive *Pandectarum partem primam* docebit quotidie hh. X - XII.

GEORGIUS MEYER, D. privatim 1) *historiam iuris Germanici* quinquies per hebd. h. IX—X; 2) *ius ecclesiasticum* quater per hebd. h. X—XI docebit; 3) in Seminario iuridico *exercitationes iuris Germanici* moderabitur.

GUIL. LANGENBECK, D. privatim docebit 1) *Ius criminale imperii Germanici* quinquies per hebd. h. V—VI; 2) *Processum civilem* quinquies per hebd. h. VI—VII et semel hora XII—I; 3) *Exercitationes processuales* offert bis per hebd. h. XII—I; 4) *Artem ex actis iudicialibus referendi* docebit bis p. h. hora XII—I; 5) publice disseret *de agrorum separatione et onerum realium luitione* bis per hebd. h. III—IV.

2. PROFESSORIS EXTRAORDINARII.

FERDINANDUS KNIEP, D. 1) *Historiam iuris Romani* enarrabit quinquies per hebd. h. IX—X privatim; 2) *Pomponii fragmentum secundum de origine iuris* semel per hebd. h. IX—X interpretabitur publice.

3. PRIVATIM DOCENTIUM.

GUIL. KNITSCHKY, D. privatim docebit 1) *Ius criminale imperii Germanici* quinquies per hebd. h. IX—X; 2) *Ius gentium* ter per hebd. h. XII—I; gratis 3) *ordinem iudiciorum publicorum, quo utebantur veteres Germani*, explicabit interpretaturus carmen quod inscribitur *Reineke Fuchs* die Sat. h. XI—XII.

CAROL. FERD. SCHULZ, D. 1) privatim docebit *Ius Germanicum privatum* sexies per hebd. h. XI—XII; 2) publice *Speculum Saxonicum* interpretandum proponet semel per hebd. h. III—IV.

III. Ordinis Medicorum

1. PROFESSORUM ORDINARIORUM.

F. RIED, D. 1) *Clinicen et policlinicen chirurgicam* quotidie hora IX; 2) *Cursum deligationum* bis per hebd. hora IV moderabitur; 3) *Chirurgiam* quater per hebd. h. III tradet.

BERNARDUS SIGM. SCHULTZE, D. 1) *Scholas clinicas gynaecologicas et obstetricias* quotidie h. X—XI habebit; 2) *Artem obstetriciam* docebit diebus Lun. Mart. Iov. hora IV—V; 3) *Operationes obstetricias* demonstrabit et exercitabit horis posthac definiendis; 4) *Cursum explorationis gynaecologicae* ipso moderante instituet Dr. Bockelmann.

GUILELMUS MUELLER, D. 1) privatim *pathologiam generalem, anatomiam pathologicam generalem et anatomiae pathologicae specialis partem primam* quinquies tradet hora III—IV vespertina; 2) *artem sectionum* docebit horis posthac definiendis; 3) publice *sectiones clinicas et policlinicas* instituet.

GUILELMUS PREYER, D., h. t. decanus, privatim 1) *Physiologiae partem primam* quinquies p. h. h. XI tradet; privatissime 2) *Conversatorium physiologicum* semel p. h.; privatissime 3) *Exercitationes practicas in laboratorio physiologico* instituet.

G. SCHWALBE, D. 1) *Anatomen corporis humani* (except. Osteologia et Neurologia) diebus Lunae, Martis, Mercurii horis IX—XI, die Veneris h. IX—X; 2) *Exercitationes anthropotomicas* una cum D. Bardeleben prosectore quotidie moderabitur; publice 3) *Anatomen topographicam abdominis et pelvis* semel p. h. die Veneris h. X—XI docebit.

H. NOTHNAGEL, D. 1) *Clinicen et policlinicen medicam* moderabitur quotidie hora XI—XII; 2) *Pathologiam et therapiam specialem* tradet quater p. h. h. V—VI; 3) *De morbis venereis* semel h. VI—VII disseret; 4) *Cursum auscultationis* et 5) *Cursum electrotherapeuticum* cum Dr. Rosenbach; 6) *Laryngoscopicum* cum Dr. Hertzberg instituet.

2. PROFESSORUM EXTRAORDINARIORUM.

P. SCHILLBACH, D. 1) *Scholas clinicas ophthalmo-otiatricas* habebit binis diebus hor. X—XI; 2) *Pathologiam et therapiam morborum oculi humani* docebit quater p. h. hora V—VI; 3) *Cursum operationum in oculo instituendarum; Repetitorium et Examinatorium chirurgiae* instituet.

F. SIEBERT, D. privatim *Scholas psychiatrico-clinicas* in nosocomio magniducali psychiatrico habebit ter per hebd. h. VIII—IX.

MAURICIUS SEIDEL, D. docebit 1) *Medicinam forensem* ter per. hebd. h. IV—V; 2) *artem formulas medicas rite praescribendi* semel h. VI—VII.

3. PRIVATIM DOCENTIUM.

C. FROMMANN, D. 1) *Historiam medicinae* ter per h. h. VI—VII enarrabit; 2) *Cursum histologicum* bis per hebd. instituet.

C. BARDELEBEN, D. 1) *Anatomiam topographicam hominis* quater tradet h. IV—VI privatim; 2) *Neurologiam* (incl. cerebro et medulla spin.), die Iovis hh. IX—XI privatim; 3) *Exercitationes anthropotomicas* una cum professore Dr. Schwalbe, quotidie moderabitur privatissime; 4) *Osteologiam et syndesmologiam* tradet quotidie horis binis initio semestris privatim.

IV. Ordinis Philosophorum

1. PROFESSORUM ORDINARIORUM.

CAROLUS SNELL, D. tradet 1) *Mechanicae analyticae partem priorem* sexies per hebd. hora XII privatim; 2) *Principia physices mechanicae* ter per hebd. hora V publice.

IO. GUST. STICKEL, D. privatim 1) *Prophetas minores*, praemissa de

Prophetismo Hebraeorum accuratiore expositione, hora II—III interpretabitur; publice. 2) *scholas Arabicas* bis per hebd.; 3) *scholas Syriacas* bis per hebd. habere, nec non 4) *Seminarium orientale* moderari perget.

E. E. SCHMID, D., h. t. decanus, docebit 1) privatim *geologiam universalem* quinis p. h. diebus h. V—VI; 2) *Mineralogiam microscopicam et opticam* ternis p. h. diebus h. VI—VII; 3) *Exercitationes in instituto mineralogico* solito more moderari perget.

ADOLPHUS SCHMIDT, D. 1) *Historiam veterum Graecorum* tradet quater per hebd., diebus Lunae, Martis, Iovis et Veneris, hora VI—VII privatim; 2) *Exercitationes historicas* instituet, die Mercurii, hora VI, publice.

BRUNO HILDEBRAND, D. privatim 1) *Oeconomiae publicae doctrinam* tradet quinquies per hebd. hor. IX—X; 2) *doctrinae rerum ad reditus publicos pertinentium historiam* explicabit bis per hebd.; 3) *Seminarii politici exercitationes* die Martis horis VII - IX; 4) *Seminarii statistici exercitationes* moderari perget.

IO. GEORG. ANTONIUS GEUTHER, D. tradet 1) *Chemiam experimentalem* quinquies p. h. hora IX—X; 2) *Chemiam organicam* quater per hebd. h. II—III; 3) in laboratorio academico *Praxin chemicam* docebit.

ERNESTUS HAECKEL, D. 1) *Zoologiam generalem et specialem* quinquies per h. hor. XII—I tradet privatim; 2) *Cursum zoologicum practicum* quaternis per hebd. horis in laboratorio zoologico moderabitur privatissime.

MAURICIUS SCHMIDT, D. 1) in seminario philologo *disputationes de commentationibus* sodalium instituendas moderabitur binis scholis h. V—VI (Lun., Iov.), publice; 2) *antiquitates Graecas* tradet quaternis diebus h. XI—XII privatim; 3) *Callimachi hymnos et epigrammata* interpretabitur binis diebus hora XI - XII privatim.

ED. STRASBURGER, D. privatim 1) *Historiam naturalem plantarum cryptogamarum* tradet quater per h. diebus Martis, Mercurii, Iovis, Veneris h. IX - X; 2) *Cursum botanicum practicum* bis per hebd. binis h. privatissime instituet; 3) *Investigationes speciales* quotidie privatissime et gratis moderabitur.

CAROLUS FORTLAGE, D. privatim 1) *Logicam et Encyclopaediam disciplinarum philosophicarum* exponet quaternis diebus hora III; 2) *Metaphysicam cum Philosophia religionis* docebit quater per hebd. hora IV.

BERTHOLDUS DELBRUECK, D. privatim 1) *Sanscritae linguae grammaticam* tradet ternis horis diebus Lunae, Martis, Iovis h. IX—X; 2) publice *de linguarum studio* disseret singulis horis die Veneris IX—X; 3) publice *Rigvedi carmina selecta* interpretanda proponet; 4) una cum coll. cl. R. Schoell *exercitationes grammaticas et epigraphicas* moderabitur.

RUDOLFUS SCHŒLL, D. publice seminarii philologi sodalibus 1) *Theognidis elegias;* 2) *selectas Sallusti orationes* interpretandas proponet binis diebus h. V—VI; privatim 1) *de Thucydide historico deque historicorum graecorum ordine et indole praefatus Thucydidis l. II* enarrabit quaternis diebus h. X—XI; 2) *artis criticae elementa* tradet bin. dieb. h. X—XI; privatissime et gratis *exercitationes grammaticas et epigraphicas* una cum collega cl. B. Delbrueck moderabitur bis p. h. hh. deff.

RUDOLFUS EUCKEN, D. privatim 1) *historiam philosophiae medii aevi et recentioris aetatis* tradet quater per hebd. hora V—VI; 2) *de vitae humanae conditione et fine* disseret bis per h. h. VII—VIII; privatissime et gratis 3) *exercitationes dialecticas* semel p. h. instituet; 4) *quaestiones metaphysicas* semel vel bis p. h. tractabit.

CHRIST. ED. LANGETHAL, D. privatim tradet 1) *Mineralogiam et Geognosiam ad rem rusticam applicatam nec non doctrinae de agrorum pratorumque natura partem priorem* quater per hebd. diebus Lunae, Martis, Iovis, Veneris hora XI—XII; 2) *Agriculturam specialem* binis diebus hora V—VI.

C. ŒHMICHEN, D. tradet in schola georgica septies per hebd. 1) *Historiam agriculturae;* 2) *Modum agriculturae tractandae et pretiorum aestimationem;* 3) *Bovis educationem;* 4) *De scholis oeconomicis instituendis moderandisque et societatibus* semel publice disseret; 5) *Seminarium agricolarum,* bis per hebd. privatissime et gratis moderabitur.

RUD. GÆDECHENS, D. publice *de Catacumbis* disseret die Merc. hor. V—VI; privatim 1) *Encyclopaediam et methodologiam archaeologiae* artium a Graecis et Romanis cultarum docebit quater per h. hora III—IV; 2) *Monumenta artis antiquae* quae ad Homerum eiusque carmina spectant adumbrabit dieb. Merc. et Sat. h. IX- X; privatissime et gratis in seminario archaeologorum *selecta Pausaniae capita* interpretabitur die Lun. h. III—IV.

CAROLUS VOLKMAR STOY, D. privatim tradet 1) *Psychologiam* ter p. hebd. hor. VIII mat. duce libro suo Psychologie etc. Leipzig 1869; 2) *Paedagogicae encyclopaediam et methodologiam* quater per hebd. hor. III pom.; 3) *Seminarii paedagogici excrcitationes* moderabitur quinquies per hebd.; 4) *Disputationes latinas* de F. A. Wolfii consiliis scholasticis instituet semel p. hebd.

CAROLUS PETER, D. *de vita et scriptis Cornelii Taciti* disseret et primum eius ab excessu divi Augusti librum explicabit, binis p. hebd. diebus h. XI—XII.

2. PROFESSORUM EXTRAORDINARIORUM.

GUIL. FR. WILIBALD ARTUS, D. privatim docebit 1) *Chemiam generalem et experimentalem* h. II—III; privatissime 2) *Exercitationes chemicas* moderari perget.

IO. ERNESTUS LUDOV. FALKE, D. *animalium domesticorum et parentum et pullorum morbos* ter per hebd. privatim pertractabit.

C. I. P. HERM. SCHAEFFER, D. privatim 1) *Calculum differentialem et integralem* sexies per hebd. XI—XII; 2) *Astronomiam popularem* diebus Martis et Veneris hora V—VI docebit; 3) *Scholas examinatorias et repetitorias ad physicen spectantes* habebit horis posthac definiendis; publice 4) *de electricitate* in rebus technicis adhibenda disseret, die Mercurii hora VI—VII.

ED. REICHARDT, D. privatim tradet 1) *Chemiam georgicam* quinquies per hebd. hor. X—XI; 2) *Pharmaciam* quinquies per hebd. hor. IX—X; 3) *Che-*

miam forensem die Saturni IX—X; 4) *Elementa chemiae* diebus Lunae, Mercurii et Veneris hor. II—III; 5) *Exercitationes chemicas* quotidie moderabitur.

MAUR. VERMEHREN, D. *de Xenophontis vita et scriptis* disseret bis p. h. horis posthac definiendis.

ERNESTUS HALLIER, D. privatim 1) *Pharmacognosiam botanicam* quinquies per hebd. h. VIII—IX tradet; 2) *de plantis e cryptogamarum ordine* disse, ret dd. Martis, Mercurii, Iovis et Veneris h. X—XI; 3) *examinatorium et repetitorium botanicum* commilitonibus offert dd. Lunae et Iovis h. V—VI; 4) privatissime et gratis *Disputationes de ratione perscrutandae naturae* hh. definiendis. 5) publice *Excursiones ad colligendas plantas cryptogamas* instituet.

ERNESTUS ABBE, D. privatim 1) *Theoriae gravitationis, electricitatis atque magnetismi principia mathematica* exponet quater p. hebd. hora X—XI; publice 2) *de mensuris absolutis in observationibus physicis adhibendis* disseret bis p. hebd. hora X—XI.

EDUARDUS SIEVERS, D. privatim 1) *Historiam antiquissimarum litterarum Germanicarum* tradet ternis scholis hora XII—I; 2) *Otfridi harmoniam evangeliorum* interpretandam proponet binis dieb. hora XII—I; publice 3) *Elementa physiologiae vocis humanae* in usum philologorum docebit binis dieb. h. VI—VII.

CAROLUS WITTICH, D. 1) privatim *Historiam universalem inde ab aevo Caroli V usque ad pacem Guestphalicam* ter p. hebd. hora posthac def. enarrabit. 2) privatissime et gratis *fontes historiae Carolorum atque Ottonum Imperarum* bis per hebd. interpretabitur; 3) *Exercitationes historicas* instituet.

3. PRIVATIM DOCENTIUM.

FRIDERICUS KLOPFLEISCH, D. instituet 1) privatim *Interpretationes et exercitationes de materiis mythologiae germanicae* ter per hebd. diebus Lunae, Mercurii, Veneris hora VI—VII vespertina; 2) privatissime et gratis *Exercitationes de historia artium et de antiquitatibus Germanorum* die Mart. h. VI—VII vespertina.

Printed by Libri Plureos GmbH in Hamburg, Germany